¿Qué Es El Amor?

Escrito por Isabel Gravely

Ilustrado por Valerie Bouthyette

¿Qué Es El Amor?

©2023 Isabel Gravely
Ninguna parte de este libro puede ser reproducida, almacenada en un sistema de recuperación o transmitida por ningún medio; electrónica, mecánica, fotocopia, grabación o de otro tipo, sin el permiso por escrito del autor.

Las solicitudes de conferencias,
copias adicionales de libros o permisos deben dirigirse a:
isabel.gravely@gmail.com

Impreso en los Estados Unidos de América

Este Libro Pertenece a:

_____

Amor es cuando mamá me da un beso y un abrazo.

Amor es cuando papá
me lee un cuento antes de dormir.

Amor es cuando mi hermano
me enseña a jugar fútbol.

Amor es cuando mi hermana
toca el violín
para hacerme sonreír.

Amor es cuando
todos bailamos en la cocina
mientras mamá y papá cocinan.

Amor es cuando me enfermo
y mamá y papá cuidan de mí.

Amor es cuando mi familia muestra paciencia hacia mi cuando lloro y pataleo.

Amor es cuando hablo por teléfono con mi abuelita.

Amor es cuando
juego con mis primos.

Amor es cuando mi tía y tío
me consienten
comprándome regalos.

Amor es cuando mis abuelos
me dan postre.

Amor es cuando toda mi familia
se reúne para dar gracias
porque nos tenemos los unos a los otros.

Amor somos mi familia y yo.

www.ingramcontent.com/pod-product-compliance
Lightning Source LLC
Chambersburg PA
CBHW061353010526
44107CB00011B/917